건너가는 사람

건너가는 사람

김진환 시집

청색종이

시인의 말

모질게 순치기 해두었던 뒤란이
새벽바람에
보란 듯 널브러져 있어

손바닥만큼의 터앝을 꽉 붙든 채
떠밀려 웅크리고 있는
저 가볍고 헐렁한 목숨들

이즘의 나처럼
구석구석 묶어내어 본다

2025년 가을
피려시실披勵詩室에서
김진환

차례

건너가는 사람

김진환 시집

005 　시인의 말

I
013 　불명
014 　마음 궤적
015 　헛가래
016 　틈새
017 　혼불 망각
018 　칡꽃
019 　건너가는 사람 1
020 　건너가는 사람 2
021 　건너가는 사람 3
022 　건너가는 사람 4
023 　건너가는 사람 5
024 　건너가는 사람 6
025 　건너가는 사람 7
026 　마음 풍경
027 　된볕

028 월동 이후
029 어떤 맛일까
030 천둥 작달비

II

033 마음 세초
034 짚라인
035 안개 는개
036 툭 던지고 싶다
037 다시 사랑하기
038 몸 가시
039 겨울 바다 3악장
040 산 소리
041 씬뱅이 낚아채기
042 언덕에 서는 이유
044 툭 투득
045 그 집
046 백두대간 금강송
047 흉터는 상처보다 가렵다
048 까투리복숭아
050 순지르기
052 공
053 새벽 바람비

Ⅲ

057 가자미처럼
058 옛집
060 봄날의 기도
061 까치걸음
062 가지치기
063 구순의 지팡이
064 박힌 업보
065 깡통
066 마음 간격
067 나는 곱빼기
068 사나사 일주문
069 싸리울타리
070 물수제비
071 뻐꾸기시계
072 십팔 원 오십 전
073 평상
074 Por Una Cabeza
075 고래 비상을 꿈꾸다

Ⅳ

079 단심
080 소소리바람
082 돌담집 붉은 동백
084 안부

085 하지 감자
086 눈색이꽃
087 산 노루
088 유둣달
089 고성 천진 바다
090 내 사랑, 세뇨테에 잠들다
092 새벽 숲
093 물총새
094 가위바위보
095 다락논
096 웃비
097 유혹
098 고드름
099 밭이랑 삼백 평

해설

101 생명의 시심詩心과 모성적 사랑 | 이성혁(문학평론가)

I

불멍

태워버릴 무언가가 있어 다행이다
얼기설기 장작개비에 불씨를 들이민다.

흔들고 비틀고 찔러만 놓은 업보
생선 내장 발라내듯 널브러진 것까지
바르집어 넣는다.

저 불길 너머 딴 세상
묏바람 들쑤시고 어떤 몸피 바스락대는
그 심지心地 어찌
시침질하고 있었는가 헤집는다.

누군가 불 속으로 달려든다
텅 빈 낯빛 망설임도 없이

그렇게 활활 타오르다 주저앉으면
샛불이나마 휘저어줘야겠지

장작 하나 다시 집어 든다.

마음 궤적

불빛이 질주한다
때로는 홀로
때로는 줄지어 내달리고

길고 곧게 뻗은 길을 따라
깃발처럼 목을 늘린 아우성
일어나고 이내 스러진다.

어둠이 겹겹이 밀려 나가고

길 위에서
숱하게 다가서고 떠나는
알 수 없는 저 영혼들

스스로 갈피를 잡기도 전에
아스라이 지워진다.

헛가래

목울대 한 귀퉁이
뚝 떼어냈다
아픔의 무게 따지지 않고

얼었다 녹았다 응축된
묵언默言의 편린片鱗들
엉겁결에 부풀어 오른다.

틀어지면 틀어진 대로
너덜대면 닳고 헤진 그대로
보듬어 감싸줄 그 무언가를 찾는다.

낮달만큼 흐릿해진 마음의 경전經典
덜어낸 만큼 자국은 두툼해지고

목 안이 대못처럼 뾰족해져도
둘둘 말아 다시 밀어 넣는다.

틈새

구멍이 숭숭 뚫린 돌담
틈새를 비집고 나온 잡풀이
그새 수북하다.
얼기설기 돌 밑 어디쯤
뿌리 깊숙이 내렸는지
여간해서 뽑히지 않는다.
손가락 하나 들이밀기도 빠듯한데
날카로운 이빨을 딱딱거리다가
다가서면 꽉 물어버릴 것 같은
어둡고 습한 틈바구니 늪
그 깊이의 끝이 가늠되지 않아
한참 들여다보고
힘주어 잡아 뜯어봐도
죽자 살자 걸어 잠그는 목숨이니
저런 구덕 살 박힌 궁리
어느 흉중에 박혔는지 헤집어 봐야겠다.

혼불 망각

머릿속이 하얘질 때가 있다
소리도 없이 생각이 비워질 때가 있다.

순식간에 날아가버린다

그나마 남아 있는 것이 있을까
이리저리 까뒤집기도 하고
샅샅이 훑어 낸다.

여기 있었구나 기어이 찾아내곤 했던
작디작은 마음 티끌

아직은 찰싹 달라붙어 버티고 있을 혼불魂

덥석 집어 만져보고 싶다
아득히 사라지기 전에

칡꽃

 골짜기 곳곳 흐드러져 핀 꽃의 환생을 본다 풀숲 헤집고 나와 긴 매듭을 동여맨 이맘때면 어김없이 부풀어 오른 진보랏빛 울대. 삼삼오오 꽃대마다 앙가슴 헤쳐내는 소리를 달아맨 채 발길을 여미게 한다 제 목숨으로 살아 고개 들이민 것을 무어라 탓할까마는 웃자란 욕심만큼 곧추서 있으니 그 품 안에 묻어둔 것을 헤아려 본다 달아맨 것이 있으면 감춘 것도 있으니 피고 지는 꽃도 꿈을 꾼다면 차고 넘치게 빠져든 접몽蝶夢이다 가만히 두어도 촘촘해진 기억의 끝자락. 독사의 날름대는 혓바닥처럼 여기저기 숨겨놓은 탐심을 스스럼없이 곁눈질하는 능청스러움도 그 생활의 흔적만큼 치밀하고 단단한데 더불어 품새를 훌쩍 틔운 숨소리들이 그 시절 가리봉동 쪽방처럼 길게 줄지어 있다 아직도 낯설게 똬리를 틀고 있다.

건너가는 사람 1

지는 해를 보며 가슴이 저리면
제 목숨을 달아맨 허공 때문이다.

붉디붉은 저녁놀 슬그머니 널어놓고
은은한 별빛에 젖은 채
이것 보란 듯
하늘 강 건너는 사람 있어

먼 길 가듯 보폭이 넓히다가
숨 고르며 고요해진 낌새
산 자드락을 주섬주섬 말아내고

아득해진 생각을 달아맨 채
그 홀연한 기운에 눈을 맞추면
얼굴을 훑고 가는 날갯짓으로
문득 나를 건너가는 사람.

건너가는 사람 2

당신 벽에 기대어 선다
낯빛은 흩트리지 않는다.

해거름 저편을 훑어내며
다리 꼿꼿이 뻗친 채

시간 들고 난 길 고요해서
바람은 버석대고
어스름 층층이 넘나들고 있는데

여전히 품어 안지 못할 경계인 듯
뒷덜미는 어찌 쭈뼛대는지

푸드덕 날아오르는 멧새 한 마리
오르가슴을 쫓는 격렬함이려니

머뭇대지 않고
겉그늘만큼만 내딛는다.

건너가는 사람 3

계단을 뛰어오른다
뒷모습만으로도 뒤를 쫓는다.

숨을 몰아쉴 때마다
두근대는 그림자
층층의 주름을 잡아 늘린다.

언덕은 보이는 것보다 높고 가파르다
손을 뻗쳐도 잡히지 않고
갈수록 헐떡대는 조바심

생각의 눈빛질을 툭툭 당겨 끌며
해거름 너머 가물대는 저 품새
달리는 건지 건너뛰는 건지
여전히 아득해지고픈 사람이려니

누구였더라
이름이 떠오르지 않는다.

건너가는 사람 4

 어느 틈엔가 겹바람, 비탈 능선을 요리조리 내려간다 갈기를 흩날리며 제 허리춤을 열 폭 스무 폭 휘감아 돌리다가 입꼬리 쓱 비틀어 올리다가 이윽고 뭉그러진 모습으로 숨을 몰아쉰다 옷매무시를 가다듬는지 부시럭댄다 스치듯 멀어져 갈 바람이니 한달음에 건너와 흘금대는 이유는 묻지 않는다 팽팽한 숲의 행색이 어찌 함께 주뼛대는지 헤아리지 않는다 어느 흉중胸中이든 바람만큼 들썩이지는 않으리니, 마침내 그 당당했던 기세를 내려놓고 건너가는 바람, 곁눈질하던 어스름이 제 앞섶을 풀어 툭툭 던져내고 있다.

건너가는 사람 5

횡단보도 앞에서
빛바랜 모자를 깊게 눌러 쓴다.

건너편 누군가를 외면한다
내가 아닌 것처럼

생각 하나를 고른다
말을 맞추고 표정을 연습한다
무심한 척 고요한 척

신호등이 바뀌고
발걸음을 내딛는 당신

그때처럼 지나쳐 간다
등줄기 빳빳하게 세우고
시선을 건넬 틈 없이
앞을 가로지르지 않는다.

건너가는 사람 6

난간 위에 덩그마니 걸린 현수막
바람에 이리 펄럭
저리 휘어 감기고 있다.

까치머리 앳된 얼굴
느슨해진 줄을 꽉 부여잡고

무엇일까
빛바랜 등짝을 비비적대다가
힘에 부친 듯 헐렁해지다가
이내 곧추서는 저 심지心志는

언뜻 스쳐 건너가는 긴 밤의 끝에서
제 흉중胸中을 몸짓으로 베껴 배설하는
까닭의 말은

건너가는 사람 7

비탈진 턱에 털썩 주저앉더니
고개 떨구는 모습이 보인다
숨을 몰아쉬던 어스름처럼

두툼한 어깨선이
결을 이루는 억새의 파동인 듯 맥없이
끄트머리 바닥까지 기웃대고

짧고 가늘게 꺼내 들다가
되새김질하듯 풀어놓는 소리
종일 숨죽인 낮달만큼 아슬아슬한데

방죽을 뒤흔드는 바람 탓이려니
서툴게 휘저어놓은 물빛 그림자이기도
하릴없이 빛바랜 미련 탓 일지도

엉거주춤 몸을 일으키는 소리
다시 보일 듯 말 듯 들릴 듯 말 듯
제 엉덩이를 끌며 돌아 나가고 있다.

마음 풍경

숲은 강에서 나오지 않고
혼자서 물장구를 치고 있었다.
고만고만한 나뭇가지들과 한데 어울린
내린천 스물네 폭 남짓
그 수면 위에 눌러앉은 산등성이며 구름이며
물머리가 이고 지던 햇살이 하염없이 헝클어졌다.
숲은 제 허벅지를 타고 올라 허물을 벗다가
속살을 드러내며 파르르 떨고 있었다.
갑자기 숲새 한 마리 퍼드득댔다
날아오르지도 않고
바람을 문 채 물그림자로 멀어져 갔다.
반짝대는 윤슬을 뚫고
건너편 수풀 속으로 숨어버렸다.
목숨처럼 종종대는 한 움큼의 날갯짓
무심한 듯 잊은 듯
자꾸 어룽지는 숲을 얇게 벗겨내고 있었다.

된볕

집 뒤편을 덮고 있던
큼지막한 밤나무를 잘라냈더니
눅눅함이 사라졌다.

오랜 시간 드리워진 그늘
지붕 한 귀퉁이를 가리고 있었는데

무심코 지나쳐온 내 생활의 그늘처럼
못 본 척 지내왔는데

별일 아니었다는 듯
살그미 다가서는 한낮의 된볕

훤해 보여서 좋구나.

월동 이후

기지개 한 번 켜기에도 부족한 날들이었다
웃자란 손톱에 박힌 때처럼
거뭇거뭇한 흔적은 두텁기만 한데

손을 천천히 어루만진다
세월의 껍질로 울퉁불퉁해진

무언가 쓰다듬는 것은 솎아내는 것
마음의 껍질을 벗겨주고
헝클어진 뿌리를 곧추세워
몇 움큼의 생흙을 돋우는 것

아! 다시 주먹을 불끈 쥐니
검디 붉은 혈관이 꿈틀대고 있다
불현듯 훑고 가는 비릿한 향기
생땅 둔덕을 헤집으며 들썩이고 있다.

어떤 맛일까

어떤 맛일까.
문밖으로 달려 나오는 텁텁한 냄새
살포시 드리워진 연보랏빛 커튼의 속살
장독에 휘감긴 번들거림과
열 맞춘 들꽃의 시선
창문을 여닫을 때 달려드는 적막감
자동차 시동으로 부르릉대는 새벽 공기와
문밖에 꽂혀있는 우산의 색깔
책장 위 들쑥날쑥한 글 더미 하며
밤마다 으슥해지는 에디슨 전구 불빛
빨랫줄에 내걸린 형형색색의 매무새와
반송함 속 구겨지고 빛바랜 편지
온종일 붙었다 떨어졌다 나사 헐렁한 문고리
복도에 널브러진 반품 박스
그새 깨어나 칭얼대는 아이들까지
고스란히 살아남아 날름대는
이 집에서 지지고 볶는 맛의 레시피
내게는 무엇일까.

천둥 작달비

요란한 우렛소리
잿빛 구름을 찢는다.

하늘 구멍이 뚫리고

등 떠밀린 작달비
바람에 포개지더니
땅 거죽을 훑어 내린다.

흙냄새 질펀하고
날개 파닥이는 소리 들썩이는데

깊숙하여 술렁이지 않는
생땅은 있어
덕더글대는 낌새에도 허리 꺾지 않고

가슴 툭툭 털어낸 들판
바짓가랑이를 그새 걷어 올린다.

II

마음 세초洗草

물에 빨아 먹을 지운다.

그래도 배어있는 흔적

그 흔적 마르기 전에
쇠를 달구고 두드리고 담금질하듯
길게 얇게 잡아 늘린다.

늘리고 말리다 보면
그만큼 가벼워지려나

마음을 빨아 극락을 지워 본다.

짚라인

계단 옆 난간에 드리워진
거미줄 한 가닥

바람이 떠밀고 지나가도
끊어지지 않는다.

목숨줄 하나 움켜잡고
씨줄 날줄 자아내다가
멈칫 숨죽이는 거미

발자국 저만치 멀어지면
바스락 나뭇잎도 휘둘러 살피며
외줄 가닥에 고리를 건다.

하늘을 힘껏 거머쥔 채
적막을 건너는 낮달보다 더 은밀하게

하강이다.

안개 는개

  그 깊고도 높직한 숲은 껍질을 갈아입지 않는다 얼굴을 매만지지도 가슴을 풀어 헤치지도 않는다 마음 세상이 가장자리부터 환해지는 건지, 구름이 정말 구천에서 밀려드는 건지, 시도 때도 없이 온몸을 해작질해대는 상대가 무엇인지 캐묻지 않는다 마음이 꽂히는 자리에 제 몫만큼 들쳐메고 온 형편을 풀어놓은 채 세상 몸살이를 거부하듯 숲 자락 비탈진 곳으로 숨어드는 저 은밀한 몸짓들, 수풀이며 바위 터럭 언저리에 퍼질러 앉아 삼십 리쯤 깊어진 속기침을 신음하듯 씹어 솎아낸다 아하 그러면 그렇지 무릎을 내리치려다 죽비를 슬쩍 밀쳐놓고 갈증만큼 침묵한다 점점 오그라드는 귓전을 파고드는 숲새 활갯짓은 못 듣고 안 본 척한다 모질게도 질긴 목숨줄을 단단히 틀어쥐고 있는 망집妄執을 모두 비워내면 본래대로 되돌아가고 다시 돌아가도 본래가 되는 몸부림처럼

  하늘을 덥석 낚아채다가 빛바래고 메말라가는 형해形骸를 들처 멘 채 오체투지五體投地하는 천왕봉 구상나무들처럼.

툭 던지고 싶다

눈덩이를 뭉쳐 손에 쥐면
툭 던지고 싶다.

가슴에 묻어둔 달큰한 떨림
되살아나는 설렘을 눌러 다지며
스름스름 기회를 엿본다.

그때 나는 왜 눈밭에서 동동거렸던가
촉촉해진 물기를 바짓가랑이에 비벼대며
멋쩍게 웃음 짓던 그날이었던가

얼어붙은 손을 호호 불다가
머리를 툭툭 털어낸 것은 왜였을까

눈 덩어리를 한 움큼 집어 들었다
아직은 둥글둥글하고
솜털처럼 새하얀 뭉치
어깨너머로 날려 보냈다.

다시 사랑하기

길을 잃고 기웃거린 적이 있다
이 길이 그 길 같고
저 골목만 돌아들면
눈앞에 나타날 것만 같았다.

마음은 엇갈리고
아득할수록 빨라지는 발걸음
목으로 삼키지 못한 말은
모퉁이마다 뱉어 두고

그리 헤매다 찾아낸다 해도
흠뻑 젖은 이마며 어깻죽지
어찌 훔쳐내야 하는지
허둥대던 그만큼
되돌아갈 길은 지워지는 건지

발자국을 다시 내딛는다
지 계단만 올라서면 그때처럼
누군가 멈춰 서 있어 줄 것이니

몸 가시

손톱 거스러미를 뜯어낸다
손끝 마디가 물집처럼 부어오르고
스치기만 해도 아려온다.

이리저리 비틀어보지만
뿌리는 빼주룩이 박힌 채 움쩍하지 않고

꺼슬꺼슬한 이물감 그 틈새를 비집고 나온
선홍색 진한 피
물끄러미 쳐다보다가
쓱 문질러 닦아 낸다.

단단하게 박힌 몸 가시
빠짝 후벼파 잡아 뺀다.

겨울 바다 3악장

바다가 거칠어지더니
파도는 점점 날아오르고

알레그로 몰토 비바체
차이콥스키 비창을 듣는 듯

숨 가쁘게 흩어지는 포말
갯바위를 한 꺼풀씩 벗겨내면서
가슴 풀어헤친 긴 호흡은 남겨

그러다 물결이 아슥해지고
떠밀리는 소리마저 차갑게 식으면
비빗대는 햇발로 걸리고

3악장이 끝났는지
다시 힘차게 기립박수를 치는
저 겨울 바다.

산 소리

천은사 계곡을 돌아 들다
향피리 소리 듣는다.

돌이끼 수북한 바위
덩굴손 풀어내는 소리
울울한 녹음들
가만가만 숨 고르는 소리
석간수 솟아오르며
물빛 간질이는 소리
골바람 휘어지는 산죽 무리
옆걸음질로 제자리 찾는 소리.

그 소리 한 움큼 슬쩍 가슴에 담으면
심산계곡 악공인 듯
산소리 품어 가는 것이든가.

씬벵이* 낚아채기

미끼를 덥석 물었다
한번 물면 절대 놓지 않는다는 턱 이빨로

비틀고 땅기며 발버둥 쳐보지만
줄은 점점 팽팽해지고

여기가 내 숲이요 터전인데 어찌
마음대로 오도 가도 못하고

그 얽히고설킨 고리를 끊어낸들
돌아 나올 수 있으려나

품 안의 것 모두 고요하게 비워내는
우연인 듯 그대로인 듯
무조건 쥐고만 있어 보는 업보처럼.

---

* 씬벵이: 아귀

언덕에 서는 이유

살구꽃 활짝 핀 언덕에 서는 것은
꽃을 품어내려는 게 아니다

차창 밖 풍경에 화들짝 놀라는 당신에게
반갑게 손 흔들어주기 위함이다.

배꽃 흐드러진 둔덕에 선뜻 올라서는 것은
저만치 땅을 고르는 사람들이
빗금처럼 고개 돌려 보는 몸짓
마침내 훔쳐내고자 함이다.

꽃에도 스쳐가는 인연이 있다면
고단한 어깨
무거운 발걸음이
잠시라도 제 안에서 터지는 탄성으로
푸근해질 수 있으리니

언덕에 서서
오늘 내가 손 흔드는 것은

누군가 스쳐 지나간 눈길 발길마다
한껏 물오른 꽃의 의미를
내 두툼한 사랑의 속내를 풀썩
던져주고 싶었기 때문이다.

툭 투득

수타사 계곡 수달래꽃
바람에 투득 떨어집니다.

고개를 파묻고 숨죽이다가
어깻짓으로 바동대다가
그만 손을 놓아버립니다.

물 위에 내려앉은 수달래꽃
바위틈 휘감아 들던 물길이
팔을 선뜻 뻗칩니다.

바위에 올려진 수달래꽃
연분홍 햇살이 조심조심 말려줍니다.

꽃 핀 듯 얼비치는 바위 화석花石이듯

수달래꽃 툭 투득
골바람에 또 하나 떨어집니다.

그 집

옛집을 찾아 나섰는데
여기가 거기 같고 거기가 그곳 같아

모퉁이 꺾어 들다 아차 싶은
푹 패인 물웅덩이
그만 발을 적실 뻔했습니다.

봇도랑* 같아서
밟히고 구겨져
생채기투성입니다.

이 골목 저 담장을 기웃대다 마주한
네댓 걸음 건너 파란 대문집

어찌하지는 않을 몸짓으로 느릿느릿
물그림자 건너갑니다.

---

* 봇도랑: 봇물을 끌어들이거나 빼게 만든 도랑.

백두대간 금강송

백 년이나 된 금강송
말라 죽어 간다
백두대간 오름에 꼿꼿이 서 있다가
온몸에 분칠을 한 채

결이 곱고 단단해 갈라지지 않고
구부러지지 않고
여간해서 썩지도 않는다는 대경목大徑木인데

그 숲속으로 돌아드는 우수수 바람소리
에둘러 감싸 안는 신음소리인가
골똘한 탄식인가.

죽는 사물들은 허연 자취를 남기는 것이니

하늘 우듬지까지 차고 넘치던 무리 들이
스스로 해탈한 모습으로
머뭇대고 있다.

소란스럽지 않게 버티고 서 있다.

흉터는 상처보다 가렵다

　녀석은 나를 앞세워 수캐의 목줄을 채우려 했다 침을 흘리며 으르렁대는 이빨이 순간 주눅 들게 했다 괜찮을 거야 잘 해 낼 수 있어 몰려드는 두려움을 떨구며 더듬대는 순간 날카로운 감촉이 팔뚝을 훑고 지나갔다 개 덩치만큼 아프고 쓰라렸던 상처는 머지않아 흉터로 남았다 제법 깊고 또렷했다 눈썹 위로 초승달 모양의 흉터가 있다 강추위로 얼어붙은 길을 걷다가 아차 할 새도 없이 턱에 걸려 고꾸라졌다 눈두덩을 사정없이 갈아버렸다 그 상처 아물기도 전에 긁고 또 긁어댔다 내버려 두면 저절로 아물고 희미해질 흉터 여전히 붉고 가렵다 누구나 엎어지고 나자빠지고 베인 상처는 있을 것이다 습관처럼 긁어내야 할 일이 많을 것이다 그 흉터는 상처보다 부풀어 올라 때로는 가려울 것이다 그때마다 무심히 헤집어 습관처럼 긁적일 것이다.

까투리복숭아

팔 길게 뻗어 손가락 닿는
삼천리 끝자락
까투리복숭아* 달려 있다면 그건
동쪽이 맞지.

도삭산度朔山** 꽃분홍 바람
나무초리에 붙들어 앉히면
잡신雜神은 배배 꼬며 물러나고

발끝에서 우듬지까지 활맥活脈을 넘나들며
삿된 물꼬마다 틀어막는데

그래도 배곯던 귀신은 한 상 너끈히 차려줘야겠지
곁가지 꺾어 얼굴 두드려주고
삼짇날 말려둔 꽃 한 말 한 되쯤 건네야 하지.

---

* 까투리복숭아: 개복숭아

** 도삭산(度朔山): 사방 3천리에 걸쳐 가지와 잎이 퍼진 복숭아나무가 있었다는 전설의 장소로 중국 동해에 있는 산

액막이 부적 하나
불 꺼진 저 집 대문 위에 붙여두면
금계金鷄 소리 귀문鬼門 너머 건너오려나

기어이 수줍어 머뭇대고 있다면
북두칠성 헤집으며 안달이 나겠지

순지르기

맷돌호박 순지르기摘心를 하다가
어미 줄기를 싹둑 잘라버렸다
망설임 없이

기세 좋은 줄기 두셋만 남겨둔 채
순치기 하려는데
꼬이고 엉켜 찾아내기가 쉽지 않다.

줄줄이 매어 달렸던 윗자리 잎새들
잘못 꺾이고 밟히기도 하여
이내 시들시들하다가
모가지를 아래로 처박고 있다.

어차피 벌어진 일
점점 더 헐거워진 채 헤집어나가고

얼키설키 웃자라 흘러내린 목숨의 품새

내 생전 처음인 듯

싹둑 잘라
멀리 던져버렸다.

공

  벽을 향해 공을 던진다 이깟 공 하나쯤 들이밀 틈새는 있으려니 숨을 멈춰 겨냥해 날린다 위로 아래로 튕겨 흩뿌려지는 방향을 쫓아 뛰고 가로지르는 소리 바닥에서 엉킨다 얼마나 던지고 뛰었을까 저녁 비 후드득대는 소리에 문득 한기寒氣를 느낀다 주위는 소란스러워지고 하품마저 어깨를 만지작댄다 익숙하지 않을 때는 일단 비껴서서 볼 수밖에, 설혹 벽이 제 넙다리를 한껏 벌리며 손짓했다 해도 핑계가 마땅치 않아 흩뿌리듯 날려 보냈는지 몰라, 팔 힘이 점점 빠지고 이제는 맞춰 넣어보자 눈길을 겨누고 있는데 보일 듯 말 듯 나를 향해 공 하나 날아든다 쏜살같이, 마치 내 틈새를 멋대로 드나들던 사람처럼.

새벽 바람비

잠에서 깨어 보니 비가 오고
바람이 드세지고
처마 끝 풍경風聲에 소리를 달아맨다.

일찍 눈을 뜬 풀꾹새 쑥새 방울새
푸드덕 날아올라
화랭이춤을 추고 있다.

때맞춰 추임새를 넣는 풍경소리
몸을 비틀고 꼬며 리듬을 맞춘다.

휘파람 소리 한 자락 휘익
거기에 얹을라치면
청솔가지에 뻗쳐 서서 날갯짓하고

뾰조롬이 입 들이밀고
바람 소리 자꾸 치 쪼아댄다.

III

가자미처럼

아버지의 불호령이 떨어진다
가자미처럼 납작 엎드린다.

그러나 그윽한 눈초리
긴 한숨만큼 충혈되어 꽂히고
까만 뿔테안경을 벗고 눈을 비벼대다가
무릎 위에 떨궈놓다가

회초리를 들지 않은 손이 여전히 맵다.

술 한 잔을 따라 올린다
바닥을 슬금슬금 뒤로 물리고
그 자리가 그 자리인 듯 고쳐 앉는다.

허리 꺾인 술병을 곁눈질해보지만
단단하게 깍지 낀 입
지느러미만 숨죽여 설렁인다.

옛집

누군가 다녀갔을 것이다
수레국화 저리 핀
뒤란을 기웃대며
이것 보라 손짓했을 것이다.

턱 받치고 앉았다 일어섰다
재깔거리다 까르르 웃다가
생초 한 움큼 솎아내다가 말리다가
두 손 툭툭 털고 가던 그 심지心志 그대로

녹슨 철문을 벌컥 열어 보니
한나절 땅볕만 큼큼댈 뿐

진즉부터 나뒹굴던 빈집
수레국화 겹겹이 흐드러져 있고
대못질한 묵은 땅에서
속속들이 얇아진 꽃자리

헤진 등짝을 제법 휘갑치고* 있다.

---

* 휘갑치다 : 가장자리가 풀리지 않도록 얽어서 둘러 감아 꿰매다. 뒤탈이 생기지 않도록 잘 마감하여 끝맺다.

봄날의 기도

개나리 활짝 핀 뜰에 서는 것은
기도하는 것이다.

나 지금껏 돌아보지 않았으나
움츠리고 감춘 몸짓들
손바닥으로 쓰다듬으며
고생했다 애썼다
이젠 울지 않아도 되겠다.

봄날의 기도는
개나리를 틔우며
한나절 내내 혼자
주저리주저리 읊조리는 것이다.

까치걸음

아이들이 까치걸음으로 뛴다
신발이 벗겨나가는 줄도 모른다.

그새 환해진 바람
폴짝대는 그림자를 쫓아 흔들리고

한 아이 다리가 엇박자로 꼬인다
제풀에 발라당 엉덩방아를 찧는다.

까르르 까르르
벌떡 일어나 제 몸피 털어내는 소리
맨땅을 흔들어 깨우는 소리

새봄이 살풀이하듯
온 마당을 휘젓고 있다.

가지치기

참오동나무 한 그루
기울어 보인다
통창을 가로막으며

웃자란 무게 때문인가
한쪽으로 뻗쳐오른 곁가지 때문에
삐뚜름해진 탓이려니

옮겨 심은 지 삼 년
가리고 숨길 것도 없는데

무성해진 틈새를 파고들며
겹겹의 속내를 헤집는 햇살에
갸우뚱 날갯짓한다.

구순의 지팡이

 허리 구부정한 구순 할머니가 이 골목 저 틈바구니를 어슬렁댄다 남의 집 문에 들어서서는 쟁여놓은 잡동사니를 거침없이 까뒤집는다 누구세요 소리에는 들은 척도 않고 여간해서 고개 돌리지 않는다 낡은 벙거지를 눌러쓰고 꽃무늬 몸빼 그대로, 한나절 내내 갈지자 맴을 돈다 입술을 씰룩거리다가 염병할 놈들 지랄 맞을 연놈들 헛짓들 하덜 말어 혼잣말로 웅얼댄다 놓쳐버린 지팡이를 찾는다며 집집마다 밀쳐놓은 온갖 속내를 여지없이 헤집고 다닌다 하릴없이 뒤적이고 흩트리며 손에 쥐어 드는 건 무엇인지 곁눈질하기 쉽지 않다 바깥 모퉁이에 나가 제자리걸음을 돌며 마른 표정으로 기웃대다가 대문을 빼꼼히 열어 둔다 지팡이를 움켜쥔 채.

박힌 업보

수없이 여울지는 냇물은 흐르고 흘러
강으로 간다는데

뒤에서 밀어주고 앞에서 내달리며
막힘이 없다는데

고요한만큼 구덕살 박힌 마음
여전히 웅크리고 있어
별빛을 한가득 맞아가며
팽팽해지는 눈빛을 어쩌지는 못하려니

묵직한 등짐 하나
어깨에 둘러 맨 채
골 주름만 갈수록 깊어지는

뚝방촌 돌 징검다리.

깡통

저것 좀 봐
기별도 없이 다녀간 누군가가
일부러 던져 놓은 듯
하릴없이 고개 떨군 모습을

저것 좀 봐
비틀리고 꺾인 그대로여도
온종일 코를 골아대는
널브러진 본색本色을

저것 좀 봐
얼쩡대다 때로는 번뜩이는 햇살처럼
어느 틈엔가 행색을 스캔하며
뾰족해진 마음을

내 민낯을.

마음 간격

삼십여 년 전 홀로 되신
망백望百의 어머니.

지지난해 큰 고비를 넘기신 후
서둘러 마련한 가족 납골묘..

애들아 나는 잔소리가 싫다
그 옆으로 가는 건 싫어

어머니를 화장으로 모신 날

꽃무늬 핑크빛 함函을
아버지 곁에 떠밀어 안치하는 시간.

너나없이 덧붙이는 한마디 한마디에
한 뼘씩 자꾸 벌려지는 간격.

이 정도면 덜 툭탁대시려나.

나는 곱빼기

이번엔 곱빼기를 시킬 거야.

식솔들 줄줄이 앞세워
한 달에 한 번
동네 목욕탕을 다녀오는 길이면
자장면을 사주던 아버지.

곱빼기가 먹고 싶어
남길지라도

오십 년 전이나
지금이나
입안에서 맴돌고 있는
나는 곱빼기.

사나사 일주문

뛰어서는 안 될 것 같다
단풍나무 숲길 들어서서
형형색색 눈 시리게 마주하다 보면

흔들리면 안 될 것 같다
마른 낙엽 고스란히 밟은 채
깊숙해진 계곡안개 두리번대는 소리 들으면

돌아서면 안 될 것 같다
술렁이는 바람에 무작정 떠밀려
턱 괴고 있는 등걸에 기대노라면

벌써 품 안으로 밀려든 사나사舍那寺
산문山門을 통째로 열어젖히고 있다.

싸리울타리

여덟 살 코흘리개 시절
싸리 울타리에 매달려 놀았다.

싸릿대 엮어놓은 틈새를 비집고 올라
앞뒤로 밀고 당기며
까르르 웃었다.

검은 차가 흙먼지를 일으키며 지나갔다
부르릉 소리를 매달고 갔다.

벌리고개 너머 공동묘지가 있다 했다

가고 오는 차마다 손을 흔들었고
떠난 사람만큼 찾아드는 사람도 있다 믿었다.

아부지, 아부지

누런 콧물을 재빨리 들이킬 때마다
싸릿대는 크게 휘청였다.

물수제비

물수제비를 뜬다.

둥글고 얄팍한 돌
날아가 수면 위에서 팡당인다.

저런 저런,
탄성을 내지르며 발을 동동댄다.

이내 잠기는 무릿돌

다시 고요해진 샛강.

뻐꾸기시계

한낮을 뒤흔드는
뻐꾸기 소리

숲길 마을 길 건너
쪽잠을 깨운다.

밖을 열고 헤집어봐도
인기척은 없고

갑작사랑만큼 매달려오는 떨림으로
마주하지 않아도 마주한 듯

속가슴 수천 평을 걷어내면서도
겹겹이 숨겨둔 소리
다시 붙들어 곁에 앉힌다.

십팔 원 오십 전

 풀썩 주저앉고 말았다 꼬깃꼬깃해진 십팔 원 오십 전을 꼭 움켜쥔 채 어찌지 못하고 있었다 된장찌개에 넣을 소고기를 사 오너라 엄마가 건네준 이십 원 그 이십 원을 헐어 오십 전 짜리 누가 캔디 세 개를 사든 채 신나서 달려갔는데 이십원 어치 아래로는 팔지 않는다는 고깃간 주인. 양이 조금 줄어들 뿐 엄마에게 들키지 않을 것이라 궁리했었다 몇 번을 집었다 놓았다 망설인 끝에 겨우 세 개만 샀을 뿐인데 이걸 어찌해야 하나 누가 하나는 이미 입 안에서 진한 우윳빛으로 녹아내리고 있고 두 개는 괴물처럼 손아귀에 들려있었다. 십팔 원 오십 전 어치 그냥 주시면 안되나요 타들어 가는 목소리로 다시 통사정해봐도 요지부동이었다 혹시 십구 원 오십 전 어치는 팔지도 모를 일이어서 한달음에 건너간 문방구 주인마저 그깟 누가 두 개를 왜 환불해 달라느냐며 거들먹댔다 그마저도 내 알 바 아니라며 고깃간 주인은 팔짱을 풀지 않았다 아까부터 불러제끼는 엄마의 목소리가 자글자글 졸아들고 있었을 지루하고도 추운 겨울밤이었다.

평상

마당 한 편에 터를 잡고
한낮을
덩그마니 붙들고 있다.

날아온 멧새 한 마리
제 발등을 자꾸 쪼아대고

흉중의 무게를 덜어내듯
더위를 촘촘하게 물어뜯는다.

빛살과 빛살들 건너와 어룽대도
마음 틈새 말리지 않고
평평하게 문지르고 닦아낸다.

멧새 날아가고 이제 내가
거기 마냥 앉고 보는

Por Una Cabeza

경주마들이 직선주로를 내달린다
결승선을 얼마 남겨두지 않아
있는 힘을 다해 질주하고 있다.

앞으로 치고 나가는 말
간발의 차로 따라붙는 말
힘찬 말발굽에 트랙은 사정없이 패인다.

헉헉대며 바람을 가르다가 마침내
결승선을 통과하는 경주마들
머리 하나 차이로 선두는 엇갈리고

환호하는 사람들
얼굴을 감싸 쥐고 주저앉는 사람들
온몸을 비틀며 기수에게 고함을 토해내고

영화에서 보았던 아리따운 여인의 탱고처럼
저마다의 삶을 풀어내고 있다.

뽀르 우나 카베사.

고래 비상을 꿈꾸다

문호리 리버마켓에 갔더니
낚싯줄에 걸린 고래 서넛
주위를 빙글빙글 맴돌고 있다.

꿈틀대며 자맥질해보지만
제 몸 하나 어찌하지 못하고
지느러미를 축 늘어뜨리고 있다.

바늘귀를 뽑아내려 해도
손아귀에 쉽게 쥐어지지 않아

입바람을 날려 보낸다
잔뜩 숨을 들이켰다 멈추고
활시위처럼 팽팽하게 당겼다 뿜어 올린다.

느릿느릿 맴돌며 눈치를 살피다가
제자리로 돌아오고 마는
그러나 비상을 꿈꾸며 다시 요동을 치는
그런 민낯의 본색本色들.

IV

단심 丹心

소쇄원 담장 옆 배롱나무
꽃차례 연분홍 꽃 날개춤이
얇고 가볍다.

원뿔 모자를 눌러쓴 듯
꽃잎을 밀어 올리다 말다
도리질하고

달리듯 건너와 틈새를 후리는 숲새의 구애도
세상 뭇 것들의 휘리릭 날갯짓도
제 것은 아니려니 하는 것이니.

잘 개어놓은 이즘의 하늘마다
헐겁고 고요해 더 아련해지는 단심 丹心
그 손끝까지 부풀어 오르니 어찌
훔쳐내지 않을 수 있으려나.

소소리바람

한낮에도 소소리바람*이 불어와
봄볕 틈새를 파고 든다

언덕배기 떡갈나무에 꿋꿋하게 매어 달린
몇 되지도 않은 나뭇잎을 잡아채고 흔들어
바닥에 눕혀 놓고 만다.

떨군 것도 모자라
이리저리 뒹굴리며 정신을 빼놓는다.

자세를 고쳐 잡고 숨 돌릴 겨를도 없이
속절없이 밀려다니는 마른 잎새들

담장 아래 모여 몸을 추스르다가
그나마 볕 기운이라도 쐬는 듯
주춤주춤 일어나 바스락대고 있다.

----

* 소소리바람: 이른 봄에 살 속으로 스며드는 듯한 차고 매서운 바람

비우면 채워지고
채우면 다시 비워내면서
이맘때까지도 한껏 기지개를 켜는 바람

내 마음의 길목을 헤집어 갈아엎고 있다.

돌담집 붉은 동백

 제주 돌담집에는 벌겋게 녹이 슨 능구렁이가 산다 충혈된 얼굴을 들이밀며 곁눈질해대는, 끈적해진 혓바닥을 날름대며 술맛을 쩝쩝 다시는, 숭숭 뚫린 상방에 앉아 뻐끔담배를 연신 뿜어대는 배짱으로 버티고 있다 제 딴에는 올곧게 살아온 시간 들이어서 기별도 없이 불어대는 섬 바람을 밀쳐내며 골목을 섭렵한, 꾀죄죄한 생활의 흔적을 목청으로만 곧추세워, 때맞춰 녹아내린 햇살과 질펀한 땅의 잿빛 냄새마저 그 당당함에 자지러지는

 눈꺼풀이 없다고 눈물을 흘리지 않는 것은 아니다 귀가 비뚤다고 투박하고 거칠게 섬 바다의 억양을 밀어내는 것도 아니다 튕겨내는 말투로 살아낸 그 갈지자 보폭, 비양도 앞바다에 걸쳐 놓은 큰 물결처럼 세상을 이리 쑤시고 저리 탐닉해온, 여태 살아낸 것만으로도 상처가 깊숙이 남은, 결국 못쓰게 된 고집 하나로 살림을 거덜 낸 채 주저앉아 세 칸집 큰 구들을 뜬눈으로 지켜내는 옹골진 기개. 그리하여 언제였던가 등짝에 들러붙어 헤살대던 웃음을 마냥 헤프게만 보듬어 주던 막내 삼촌. 그 철없던 추억들은 능구렁이처럼 똬리를 틀고. 이제는 남루해진 돌담 안팎을 무시로 타고 넘는 퀭한

혈기여도 더는 비틀리고 휘어 감기지 않기를 나는 골목 모퉁이를 지나치다가 더불어 고개 떨군 동백만 만지작대고 있다.

안부

밤하늘을 헤집어 봅니다
두런두런 말을 건넵니다.

멀고 먼 북명北冥 세상
붕새* 한 마리 날려 올리고

스치듯 건너가는 어둠 구만리
끄트머리에 겨우 달아맨
곁불인 듯

구름 틈새 파고들던 하얀 눈썹달
얼핏 바스락댑니다.

---

 * 붕새鵬: 날개의 길이가 삼천 리이며 하루에 9만 리를 날아간다는 매우 큰 상상의 새(장자莊子 내편內篇)

하지 감자

감자를 캔다
장맛비가 몰려오기 전에

이랑을 파헤쳐 보니
주먹만 한 놈이 덩그마니 박힌 채
그새 짓물러 있다.

몇 날 며칠 힘겹게 버티다가
물컹대는 몸태態로 손 내민 것이려니

목숨만큼 순전한 것이 어디 있으랴

설마 하며 밀쳐 둔 내 옆구리 통증처럼
슬그머니 배어 나오는 끈적임
바구니 깊숙이 담아 놓는다.

눈색이꽃

불명산 화암사 오르는 바위틈에
입춘 언저리를 비집고
눈색이꽃* 한 송이 피었습니다.

얼어붙은 눈을 녹이고
하늘을 호호 털어내며
노란 꽃망울을 꿋꿋하게 틔웠습니다.

지나가던 묏바람이 쓰다듬다가
무너질까 덮힐까
까치발로 다가섭니다.

고맙다고 만나서 반갑다고
참으로 오랜만이라고

배냇저고리 같은 산안개 한 자락에
빙 둘러 모여 앉습니다.

---

* 눈색이꽃: 복수초. 아도니스(Adonis)

산山 노루

 껑, 껑, 노루 울어대는 소리 들린다 사방의 어둠을 찢는 소리 숲의 중력을 삼키다 목에 걸린 듯 땅의 무게를 일순간 흩뜨리는 소리 아슬아슬 버티고 있는 다리 정강이를 하릴없이 만지작대다가 기어이 짝을 잃고 제자리 맴도는 소리, 지붕을 뚫고 건너와 두터운 이불을 부스스 들쳐 업다가도 에둘러 밀쳐둔 풀씨처럼 살아나 근근이 매달린 시간을 당신만큼 지새우고 있다.

유둣달

오늘 밤엔 유둣달*
낮게 깔린 구름 위로 풀쩍 올라서서
환히 불 밝히고

늘어선 이팝나무 하얀 꽃 사이
고개 쳐든 금낭화 꽃대 사이
저벅대는 그림자를 매달고 오니

마침 오늘 밤엔 유둣달
무지근한 술렁임으로
으늑한 가슴 길목마다 손 내미는

온밤 내내 감쪽같이 차오르다가
허리 곧추세워 기지개를 켜는
당신의 등짝 같은 달.

---

* 유둣달: 유두流頭가 드는 유월 보름날에 뜨는 달

고성 천진 바다

굵은 동아줄을 놓고 편을 갈랐다
너는 청팀 나는 백팀

밧줄 한가운데 붉은 리본으로 경계를 묶고
저마다 어깨를 들썩이며 심호흡을 한다.

호각이 울린다
영차영차 어영차
목 핏대를 있는 대로 세우며 당겼다 멈추고 다시 당긴다
하지정맥류 같은 핏줄이 팔뚝마다 툭툭 불거지고

절대 끌려가지 않을 거야
섣불리 놓아버리지는 않을 거야

세상천지를 번쩍 들어 엎어 치고 메치듯
여기저기서 터져 나오는 함성
사정없이 흩어지는 축축한 땀 냄새

일그러진 얼굴 위로 나뒹구는 섬망譫妄
때 이른 둥근 낮달이 포말처럼 튕겨 올랐다.

내 사랑, 세뇨테에 잠들다

너는 몽롱히 취해 있었지
온몸에 향수를 흩뿌리고
달콤한 팔체의 수면 방향(芳香)을 마신 채
잠에 빠져 드는구나
기어이 시집을 가는구나.

슬픈 별에서 태어나 슬프게 이 땅에 내려와
세상의 모든 비 흩뿌리려
그리 숨어 머물렀구나.

아흔한 개 피라미드 계단
보폭 하나도 안 되는 가파른 계단마다
쉼 없이 찰랑이는 방울 소리 흘리며
걸음걸음 올라서는 너

너는 마야의 딸
청정한 사랑, 곱게 자라 준 애처로운 처녀

멕시코 치첸잇싸 성스러운 샘 세뇨테*에서
내 사랑이 몸을 던지는 소리
구슬픈 피리 소리에 고개 떨군다.

---

* 세뇨테: 멕시코 마야 유적 '치첸잇싸'에 있는 샘. 별도 양육된 처녀와 어린아이들은 무녀들의 손에 의해 의식을 거친 후 이 '세뇨테'에서 비(雨)의 신 '챠크'에게 인신공양의 제물로 바쳐진다.

새벽 숲

누가 잘라냈을까 저 나무는
제 갈 길 터놓으려
사정없이 도려낸 밑동은

햇발이 툭툭 건드리고
바람마저 빗질하듯 훑고 갈 때
얼굴 감싸 쥐었을 나무는

까짓 목숨만 고요하면 되지
자르고 덜어낸 것이 한둘은 아니려니

벌써 새벽
일찍 눈을 뜬 숲길 저만치
어둠을 밀치며 꿋꿋이 건너가는
누군가 있어

낙엽 그 뒤에 떨어져 바스락대고
산새 푸다닥 비켜서듯 날아오르고.

물총새

물총새는 먹이를 물면
발버둥을 멈출 때까지
열 번 스무 번 패대기를 친다.

도마뱀이건 물고기건
눈에 띄는 즉시
뾰족한 부리로 쏜살같이 낚아채
이내 혼절시킨다.

귀엽게 보이는데
물고기 잡는 호랑이라 하다니

한입 크게 베어 문 먹이
목구멍에 걸린 채
기어이 삼켜 보겠노라
바동대고 있다.

가위바위보

아이들이 뜀박질로 내달린다
풀쩍 뛰어올라 목말을 탄다.

사타구니로 밀어 넣은 머리
줄줄이 엮인 등짝이 함께 출렁인다.

엉덩이를 튕겨 짓누를 때마다
터져 나오는 아우성

가위바위보
다시 빨리 가위바위보

낮달이 산마루를 내달린다
어느새 날아 하늘 등판을 딛고 오른다.

아이 술래는 서둘러 주먹을 내고
하늘은 붉은 보자기를 들이밀고.

다락논

그러다 잠잠해진 하늘을
부둥켜안은 땅을
짜깁기하듯 한 올 한 올 엮어낸
치자 빛 중목[*] 굵은 한 폭.

산자락 옆구리를 단단히 틀어쥐고도
들목부터 층층이 꺾이고

겨드랑이마다 열두겹쯤 품어 안은 탐심
한로寒露 언저리의 볕 빛만큼 껴입는다
터지지 않을 만큼
무너지지 않을 만큼

골바람 짧게 들썩이는 사이
미목眉目의 티끌을 우르르 털어내는
조곤조곤 밀담마저 슬며시 밀쳐내는
다락논 작은 두 마지기.

---

* 중목中木: 품질이 중간쯤 되는 무명

웃비

벌써 허리만큼 올라선
사백 평 옥수수밭
후드득 세찬 비에 바르르 떨다가
머리를 빗겨 턴다.

함께 자지러지는 잡풀 군더더기와
저만치 숨어 눈만 끔벅이는 쑥새
나무를 잽싸게 오르는 날다람쥐 하며
땅을 헤집는 꼽등이까지 저마다
눈치를 살피는데

여전히 기웃대는 웃비[*]
잠시 숨을 돌리는가 싶더니
밭이랑 뒤적이던 어머니처럼
허리 펴지 않은 채
산중山中 우주를 구석구석 훑어 내고 있다.

---

* 웃비: 아직 비가 올 듯한 기운은 있으나, 세차게 내리다가 그친 비

유혹

명지바람*이 불 때까지도
처마 끝
풍경風聲 소리는 차가웠다.

허리 꽁꽁 옥죄인 꼬리치마처럼
간섭할 틈 없이
빈 하늘만 어슷하게 맴돌고

흔들지 못하는 바람은 바람이 아니지

어깨 한 짐 들쳐 맨 빛살을 들이밀며
비집고 앉으려 하는데

귀 쫑긋대던 흰나비 한 마리
감쪽같이 희롱하다 건너가는
그나마 춘풍春風이겠거니

---

* 명지바람: 보드랍고 화창한 바람

고드름

아래로만 자라는 것이 있다
한 뼘 두 뼘 키를 키운다.

물을 주지도 않고
북주기 해준 적도 없는데
단단하게 뿌리내리고
새순을 뻗쳐 올린다.

보아하니 물러서지 않는다
위아래가 뒤바뀐 것도
극락인지 나락인지 구별하지 않고
저마다 키재기를 한다.

식은땀을 흘리면서도
뾰족하게 촉을 세우는 것을 보니
성깔깨나 있겠다.

밭이랑 삼백 평

들깨 모종을 심는다.

비가 온다 해서 서둘러 일어나
이식기를 땅속에 쿡쿡 쑤셔 넣는다.

초보 농사꾼에게는 넓디넓은
밭이랑 삼백 평.

간격을 벌려 줄 맞춰 세우는 모종
한참을 심다가 끝에 이르면
뒤돌아서서 다음 이랑으로 옮겨가기를 거듭한다.

뿌리는 활착할지
언제쯤 잎자루를 키우고 열매를 맺을지

끝이 보이지 않는 탐심貪心
맨땅에 마구마구 상처를 내고 있다.

해설

생명의 시심詩心과 모성적 사랑

이성혁 (문학평론가)

1

한 권의 시집을 자세히 읽어보면, 시편들로 이루어진 하나의 이야기가 펼쳐지고 있음을 알게 된다. 김진환 시인의 이 시집 『건너가는 사람』도 그렇다. 시집 이름부터 의미심장하다. '건너가는 사람'이란 시인 자신을 의미하는 것일까, 아니면 어떤 타인을 의미하는 것일까. 여하튼 이 시집 이름을 보면, 김진환 시인은 삶의 본질을 '건너가는' 행위에 있다고 생각하는 것 같다. 이야기의 본질 역시 결말을 향해 '건너가는' 과정에 있다고 말할 수 있을 것이다. 이야기는 삶의 본질을 미메시스하면서 만들어지는 것이기에. 『건너가는 사람』은 어떠한 이야기를 엮어내는가? '생명'에 대한 이야기. 물론 서사적인 이야기는 아니다. 어떤 사건이 플롯으로 엮이어 펼쳐지는 이야기는 아닌 것이다. 그러한 서사적 이야기를 담은 시집이라면 시편들의 엮임은 한 편의 '서사시'가 될 것이다. 그와는 달리, 이 시집은 생명의 발견에서 출발하여 생명의 젖줄을 찾아내는 이야기가 펼쳐진다. 이 글은 이 이야기를 추적하고자 한다. 물론 이 이야기는 필자가 시집에 펼쳐진 시편들의 세계를 재구성하는 데서 가시화되는 것이다. 다시 말해 독자마다 이 시집에 대한 이야기의 구성은 달라질 수 있다는 의미다.

이 시집의 첫 시 「불멍」에는 썩 강렬한 이미지가 나온다. 화자는 장작에 이것저것 집어넣고 불씨를 살리면서 장작 태우는 불꽃을 멍하니('불멍') 바라보고 있다. 이때 "텅 빈 낯빛 망설임도 없이" "누군가 불 속으로 달려"들었다고 화자는 말하는데, 시는 이 '누군가'에 대한 정보를 더 이상 제시해주지 않는다. 이 '텅 빈 낯빛'을 한 '누군가'는 누구일까. 시집 이름과 이 첫 시가 어떤 연관성이 있다고 한다면, 그 '누군가'는 '건너가는 사람'이 아닐까. 그렇다면 건너간다는 행위는 곧 불 속을 건넌다는, 결국 불에 타버린다는 의미 아니겠는가. 마침 화자는 방금 인용한 구절 바로 다음 연에서 "그렇게 활활 타오르다 주저앉으면/ 잿불이나마 휘저어줘야겠지"라고 말하고 있는 것이다. 이 진술에 따르면, 그 '누군가'는 지금 눈앞에 있는 실제 사람이라기보다는 시인 내면의 어떤 마음을 의인화한 것이라고 생각할 수도 있지 않을까 한다. 시인은 장작불 앞에서 '불멍'하고 있다가 자신의 어떤 마음이 불속으로 뛰어드는 것을 감지한다. 타오르다 스러질 어떤 마음이. 그 다음 시인이 할 일은 잿불을 휘저어주는 것이다.

김진환 시인에게 시 쓰기란, 불타고 있는 마음을 휘젓는 일이 아닐까. 불타올랐던 격렬한 마음을 언어를 불씨로 삼아 되살리는 일. 그렇다면 '건너가는' 행위 역시 마음을 불태우는 행위이며, 이는 시 쓰기로 나아가는 전초 단계라고 말할 수 있겠다. 이에 '건너가는 사람'이란 시심詩心을 의인화 한 것이라고 생각할 수 있겠는데, 사실 시 쓰기의 주체는 시인의 자아라기보다는 그의 마음 안에 있는 타자인 시심이라고 할 수 있는 것이다.

지는 해를 보며 가슴이 저리면
제 목숨을 달아맨 허공 때문이다.

붉디붉은 저녁놀 슬그머니 널어놓고
은은한 별빛에 젖은 채
이것 보란 듯
하늘 강 건너는 사람 있어

먼 길 가듯 보폭이 넓히다가
숨 고르며 고요해진 낌새
산 자드락을 주섬주섬 말아내고

아늑해진 생각을 달아맨 채
그 홀연한 기운에 눈을 맞추면

얼굴을 훑고 가는 날갯짓으로

문득 나를 건너가는 사람.

—「건너가는 사람 1」 전문

  "하늘 강 건너는 사람"이 누구인지 시에 정보가 제공되어 있지 않기 때문에 구체적으로 알 수는 없다. 하지만 그가 누구이든 "나를 건너가는 사람"이라는 점에서 시인 내면에 존재하기도 하는 타자라고 말할 수 있겠다. 그렇다면 시인을 "건너가는 사람"은 시인의 내면에서 시심을 형성시키는 이라고 할 것이다. 위의 시는 그 시심이 어떻게 형성되는지 보여준다. 해가 지고 있는 허공을 바라보면서 시인의 시심이 형성되기 시작한다. 그 허공은 마치 "제 목숨을 달아맨" 듯한 모습을 하고 있어서 시인의 가슴을 저리게 만들었을 것이다. 이윽고 허공은 밤으로 넘어가고는 "은은한 별빛에 젖"기 시작하는데, 어떤 사람이 그 "하늘 강"을 건너고 있는 것이다. 시인이 붉은 황혼을 보면서 목숨에 대한 생각에 빠지자, "붉디붉은 저녁놀"과 같은 시인의 "아득해진 생각" 속('하늘 강')을 건너는 사람이 나타난 것, 그 생각이 목숨과 관련된 삶의 구경究竟에 대한 것이라고 할 때, 「불멍」에서 장작불 속으로 들어간 사람과 이 시의 붉은 저녁놀이 펼쳐진 하늘을 건너는 사람은 동일인으로 볼 수 있다. 그리고 이 "나를 건너가는 사람"이 김진환 시인의 마음에 시를 불러일으키고, 나아가 시 쓰기를 추동한다.

그 사람의 모습은 「건너가는 사람 2」에 따르면, "흐트러지지 않는" 낯빛에 "다리 꼿꼿이 뻗친" 모습이다. "머뭇대지 않고/곁그늘 만큼만 내딛는" 사람. 「건너가는 사람 3」은 그늘을 따라 걷는 그 사람을 시인이 쫓아가는 모습을 보여준다. 시인은 그를 잡기 위해 "보이는 것보다 높고 가파"른 언덕의 "계단을 뛰어오"르지만, "손을 뻗쳐도 잡히지 않"아서 '조바심'으로 '헐떡대'야 했다. 하여 "이름이 떠오르지 않는" 그 사람은 "여전히 아득해지고픈 사람"으로 시인의 눈앞에 나타난다. 그 사람을 쫓는 숨 가쁜 과정이 바로 시 쓰기를 의미한다면, 시를 쓰도록 인도하는 것은 잡히지 않는 그 사람이다. 그 사람이 "생각의 눈빗질을 툭툭 당겨 끌"고 있다는 시인의 진술은, 그가 자신의 생각을 그 사람을 따라 장작 불씨를 헤집듯 '눈빗질' 하고 있음을 의미한다고 읽을 수 있다. 이 생각의 '눈빗질'이 시 쓰기 과정을 가리킨다고 할 때, 그 사람은 시인의 시 쓰기를 이끄는 자라는 것을 여기서도 확인할 수 있다. 시인은 '건너가는 사람'을 쫓아가다가, 결국 그 사람에 빙의되어 그 자신이 시를 쓰는 사람으로 변신하는 것이다.

2

'건너가는 사람' 연작시 중 한 편을 더 읽어보자.

난간 위에 덩그마니 걸린 현수막

바람에 이리 펄럭

저리 휘어 감기고 있다.

까치머리 앳된 얼굴

느슨해진 줄을 꽉 부여잡고

무엇일까

빛바랜 등짝을 비비적대다가

힘에 부친 듯 헐렁해지다가

이내 곧추서는 저 심지心志는

언뜻 스쳐 건너가는 긴 밤의 끝에서

제 흉중胸中을 몸짓으로 베껴 배설하는

까닭의 말은

— 「건너가는 사람 6」 전문

  위의 시의 '건너가는 사람'은 현수막이 이리저리 펄럭이게 만드는 바람 앞에서 "느슨해진 줄을 꽉 부여잡고" 있다. "까치머리 앳된 얼굴"을 한 걸 보면, 그 사람은 어린 시절의 시인 자신일지도 모른다. 여하튼 그 사람이 과거의 시인 자신일지라도, 그 역시 시인의 시심을 발동하는, 시인이 빙의되고자 하는 타자라고 하겠다. 바람에 흔들리는 줄을 마치 생명줄인 것처럼 꽉 붙잡고 있는 그 사람은, "힘에 부친 듯 헐렁해지다가"도 "이내 곧추서"면서 어떠한 흔들림에도 절대 쓰러지지 않으려는 곧은 '심지'를 가진 사람이다. 흔들리면서도 곧추 서는 그 사람의 '몸짓'은 그의 굳은 심지가 들어 있을 마음 속(胸中)을 "베껴 배설하는" 것처럼 보인다. 다시 말해 그 몸짓은 어떠한 바람에도 생명을 꿋꿋하게 지켜내고자 하는 심지를 표현하는 글-시-처럼 보이는 것이다. 그 사람은 생명을 표현하고자 하는 사람-시심-이고, 생명의 표현은 곧 시다. 그 사람을 따르고 그 사람에 빙의되고자 하는 김진환 시인도 시를 통해 생명을 표현하고자 할 터, 그래서 그는 갖은 난관에도 불구하고 목숨을 꽉 붙잡으면서 생명을 표현하고 있는 사태들에 주목한다.

> 구멍이 숭숭 뚫린 돌담
>
> 틈새를 비집고 나온 잡풀이
>
> 그새 수북하다.
>
> 얼기설기 돌 밑 어디쯤
>
> 뿌리 깊숙이 내렸는지
>
> 여간해서 뽑히지 않는다.
>
> 손가락 하나 들이밀기도 빠듯한데
>
> 날카로운 이빨을 딱딱거리다가
>
> 다가서면 꽉 물이미릴 것 같은
>
> 어둡고 습한 틈바구니 늪

그 깊이의 끝이 가늠되지 않아

한참 들여다보고

힘주어 잡아 뜯어봐도

죽자 살자 걸어 잠그는 목숨이니

저런 구덕 살 박힌 궁리

어느 흉중에 박혔는지 헤집어 봐야겠다.

—「틈새」전문

  돌담 틈새 어디쯤에 뿌리를 내린 잡풀도 생명의 끈질김을 잘 보여주는 존재자다. 그 잡풀을 뽑으려고 하면 "여간해서 뽑히지 않"아서, 그 끈질김이 어떠한지 잘 알 수 있다. "손가락 하나 들이밀기도 빠듯한" 그 좁은 틈새를 비집고 생명의 뿌리를 내리는 잡풀은 숭고한 면이 있다. 생명이 정착하기 힘든 "어둡고 습한 틈바구니 늪"에서도 생명은 태어나고 자라며 목숨을 붙잡고 놓지 않으려 한다. 그래서 시인은 "그 깊이의 끝이 가늠되지 않"는다고 말한다. 잡풀도 목숨에 관한 한 "죽자 살자 걸어 잠그는" '굳은 심지'–"구덕 살 박힌 궁리"–가 '흉중'에 박혀 있는 것이다. 앞에서 본 바에 따라 생명의 표현이 시라고 한다면, 목숨을 붙잡으며 '흉중'을 '배설'하고 있는 저 잡풀도 김진환 시인에게는 시다. 우리가 미물이라고 부르는 존재자들도 자세히 관찰하면 시를 발설하고 있는 것이다. 가령 시인은「짚라인」에서는 "목숨줄 하나 움켜 잡고/씨줄 날줄 자아내"는 거미로부터 시를 발견한다. 그는 거미줄을 만들어내며 허공에 떠서 살아가고 있는 거미의 모습에서 "하늘을 힘껏 거머쥔 채/ 적막을 건너는 낮달보다 더 은밀하"다는 시적 인식을 얻는다.

 뭇 생명들은 목숨을 유지하기 위해 악착같이 살아야 한다. 땅 속 깊숙이 뿌리를 내리는 잡풀도 그렇고 하늘을 힘껏 움켜쥐어야 하는 거미도 그렇다. "한번 물면 절대 놓지 않는"(「씬벵이 낚아채기」) 물고기도 그렇다. 김진환 시인이 숲으로 상징화 한 이 세상에는 그렇게 "모질게도 질긴 목숨줄을 단단히 틀어쥐고 있는 망집妄執"(「안개 는개」) 갖고 살아가는 존재자들로 가득하다. 죽음의 운명을 거스르고자 하기에 목숨에 대한 존재자들의 악착같음을 '망집'이라고 시인은 표현한 것이겠지만, 사실 이 망상적인 집착과 욕심이 생명을 낳고 유지하는 동력이다. 목숨을 붙잡고 있는 생명체들이 살아가고 있는 숲은 결코 깨끗하거나 예쁜 곳이 아니다. 처절한 생존의 공간인 것이다. 하지만 어떤 숭고한 아름다움이 깃들어 있는 곳이기도 하다. 생명 자체가 지닌 숭고함을 숲은 가지고 있는 것, 하여 시인은 숲 자체가 생명체라고도 생각한다. 그는 생명체로서의 이 숲이 지닌 신비로움이 자신의 마음에서 변신하고 있는 '풍경'을 다음과 같이 아름답게 그려내고 있다.

    숲은 강에서 나오시 않고
    혼자서 물장구를 치고 있었다.

고만고만한 나뭇가지들과 한데 어울린

내린천 스물네 폭 남짓

그 수면 위에 눌러앉은 산등성이며 구름이며

물머리가 이고 지던 햇살이 하염없이 헝클어졌다.

숲은 제 허벅지를 타고 올라 허물을 벗다가

속살을 드러내며 파르르 떨고 있었다.

갑자기 숲새 한 마리 퍼드득댔다

날아오르지도 않고

바람을 문 채 물그림자로 멀어져 갔다.

반짝대는 윤슬을 뚫고

건너편 수풀 속으로 숨어버렸다.

목숨처럼 종종대는 한 움큼의 날갯짓

무심한 듯 잊은 듯

자꾸 어룽지는 숲을 얇게 벗겨내고 있었다.

— 「마음 풍경」 전문

  강물의 수면 위에 비치고 있는 숲. 아마 강물은 숲 안을 관통하며 흐르고 있을 테지만, 강물은 또한 자신을 품고 있는 숲을 역설적으로 품고 있기도 하다. 김진환 시인은 그래서 이 숲이 "혼자서 물장구를 치고 있었다"고 표현한다. 강물 위에 있는 것이 재밌는지 숲은 강에서 나오려고 하지 않는다. 강물 위에서는 자유로움이 있다. 헝클어질 수 있는 자유로움. "수면 위에 눌러앉은 산등성이며 구름이며" 햇살이

"하염없이 헝클어"질 수 있는 강물이기에. 하여 숲은 강물 위에서 자신을 감싸고 있던 허물을 벗어버리고 속살을 드러낸다. 갑자기 '퍼드득'대며 "바람을 문 채 물그림자로 멀어져" 간 숲새의 모습은 그 자유로움을 상징할 테다. "건너편 수풀 속으로 숨어버"리며 사라진 숲새의 날갯짓은 "자꾸 어룽지는 숲을 얇게 벗겨"낸다. 즉 물그림자로 나타났다가 "반짝대는 윤슬을 뚫고" 저 자유로이 바람을 물고 건너편으로 사라진 숲새는 숲의 허물을 벗기고 속살 그대로의 자유로운 존재가 되도록 이끄는 것이다. 그 속살에는 바로 새의 날갯짓이 드러내고 있는 '목숨' 자체가 표현되어 있을 터, 이 강물 위에서 허물을 벗고 있는 숲은 생명 자체를 표현하는 시적인 존재가 되고 있는 것이다.

그런데 이 모든 존재자들의 모습은 시인의 마음과 접맥되어 현상하는 것, 그래서 위의 시 제목을 시인은 '마음 풍경'이라고 붙이고 있다. 강물 위에서 숲이 헝클어지고 있는 현상은 곧 시인의 마음에서 일어나고 있기도 한 것이다. 시인이 시를 쓰게 이끈 것은 허물을 벗으며 시로 존재해가는 숲의 변신 때문이다. 그 변신이 시인의 마음을 시적인 것으로 변화시켰던 것이다. 저 강과 숲의 풍경이 시인의 마음에 나타난 풍경으로 접맥되어 나타날 수 있었던 건 숲의 변신을 이끈 숲새의 날갯짓 때문이라고 하겠는데, 그 날갯짓은 '퍼드득'대는 소리로 시인에게 감지될 수 있었다. 목숨이 '종종대는' 소리인 그 날갯짓 소리는 숲을 자유롭게 만들며 생명의 표현자-시-로 변신시켰으며, 그 풍경과 동화된 시인의 마음을 시 쓰기로 이끌었던 것이다. 김진환 시인이 여러 시편들에서 '소리'를 형상화한 것은, 이렇듯 소리가 그의 마음을 시적인 것으로 변화시키는 힘을 가지고 있음을 감지했기 때문일 것이다. 그런데 그 소리 역시 마음으로 듣는 소리이다. 그 소리는 실제적인 음으로 나는 소리가 아니라 생명의 표현이 내는 이미지이며, 그래서 마음을 통해서만 들을 수 있는 소리인 것이다.

    천은사 계곡을 돌아 들다
    향피리 소리 듣는다.

    돌이끼 수북한 바위
    덩굴손 풀어내는 소리
    울울한 녹음들
    가만가만 숨 고르는 소리
    석간수 솟아오르며
    물빛 간질이는 소리
    골바람 휘어지는 산죽 무리
    옆걸음질로 제자리 찾는 소리.

    그 소리 한 움큼 슬쩍 가슴에 담으면
    심산계곡 악공인 듯

산소리 품어 가는 것이든가.

—「산소리」 전문

 위의 시가 말해주듯, 시인이 듣고 있는 "향피리 소리"라든가 바위가 "덩굴손 풀어내는 소리", 녹음들이 "숨 고르는 소리" 등은 시인의 마음이 듣고 있는 소리다. 위의 시에서 시인은 천은사 계곡을 응시하고 있는 중일 터, 시각적 이미지가 '가슴' 속으로 들어오면서 청각적 이미지로 변환된 것이리라. 숲을 생명체로 인식하고 있는 시인에게는, 저 풍경에 존재하는 존재자들이 내는 '산소리'는 생명의 표현들이다. 이 표현들을 "가슴에 담으면" 시인은 그 표현들을 가지고 연주하는 '심산계곡 악공'이 된다. 생명의 소리들은 숲 그 자체의 존재성을 드러낸다. 다른 시의 표현을 가져오면, "사방의 어둠을 찢"는 "껑, 껑, 노루 울어대는 소리"가 "숲의 중력을 삼"키고 "땅의 무게를 일순간 흩뜨리는"(「산山 노루」) 것이다 (여기서의 노루 소리는 위의 시와는 달리 실제로 들리는 소리이긴 하겠다). 숲을 자유롭게 만드는 이러한 소리들은, 그 이미지들을 보고 듣고 있는 시인의 마음에서 시의 소리로 전환된다. 이 소리들은 시인 마음 깊은 곳에 숨겨둔 소리들을 자극하여 그 숨겨둔 소리들이 시인의 마음 안에서 다시 일어나도록 만들고, 그럼으로써 시인이 시를 쓰도록 이끄는 것이다. "한낮을 뒤흔드는/ 뻐꾸기 소리"가 "속가슴 수천 평을 걷어내면서" "겹겹이 숨겨둔 소리/ 다시 붙들어 곁에 앉"(「뻐꾸기 시계」)히도록 이끄는 것에서 볼 수 있듯이.

  3

  앞에서 논한 바를 정리해보자. 숲의 '풍경-소리'에 시인의 마음이 화답하면서 숨겨두었던 그의 마음 속 소리가 되살아나고, 시인을 악공으로 변화시킨다. 즉 숲의 '풍경-소리'는 시인으로 하여금 시 쓰기로 이끄는 것, 그런데 이 숲의 '풍경-소리'에 마음이 동화되어 시의 '소리-풍경'을 생성하게 되는 과정에는 숲과 마음을 연결해주는 매개자가 있다. 바람이 그것이다. 김진환 시인은 바람을 시의 주제로 삼은 시편들을 여럿 남기고 있는데, 그만큼 그에게 바람이 가지는 시적 의미가 중요하기 때문일 테다. 숲에 바람이 불고 바람은 숲의 소리를 시인의 마음으로 옮겨놓는다. 「새벽 바람비」에 따르면 바람 역시 소리-풍경風磬 소리-를 통해 감지된다. 이 시에서 바람의 소리이기도 한 풍경 소리는 "풀꾹새 쑥새 방울새"가 추는 '화랭이춤'에 "리듬을 맞"춰 "추임새를 넣는" 존재로 등장한다. 그리고 새들도 이 바람 소리를 쪼아대며 그 추임새에 화답한다. 바람은 숲에서 사는 존재자들의 생명력을 북돋고 서로 어우러지게 만드는 존재다. 이 어울림 안에 있는 시인 역시, 숲의 존재자들이 내는 소리의 리듬에 맞춰 "휘파람 소리 한 자락 휘익" 어울림의 풍경 위에

얹고 싶은 흥겨운 마음을 갖게 된다.

  하지만 이러한 조화롭고 따뜻한 바람만 있는 것은 아니다. "흔들지 못하는 바람은 바람이 아니"(「유혹」)라는 듯 풍경소리 차가운 바람이 있는 것이다. 하지만 곧 이러한 바람도 "귀 쫑긋대던 흰나비 한 마리/ 감쪽같이 희롱하다 건너가는" 바람이어서 부정적인 의미로 흔드는 바람은 아니다. 시인에게도 불어올 이러한 바람은 그의 마음을 '희롱'하듯 흔들 것이다. 시인도 방금 인용한 시의 제목을 '유혹'이라고 붙인 것을 보면 말이다. '소소리바람'과 같이 더 차가운 바람은 존재자들을 더욱 뒤흔들 것이다. 「소소리바람」에 달린 시인의 주석에 따르면, 그 바람은 "이른 봄에 살 속으로 스며드는 듯한 차고 매서운 바람"이다. "몇 되지도 않은 나뭇잎을 잡아채고 흔들어/ 바닥에 눕혀 놓고" 마는 바람. 이파리들은 "속절없이 밀려다"녀야 한다. 시인에게도 불어온 "비우면 채워지고/ 채우면 다시 비워내"는 이 바람은 그의 "마음의 길목을 헤집어 갈아엎"을 정도로 시인의 마음에 큰 변화를 가져온다. 이를 보면 바람은 숲의 풍경을 시인에게 전달하는 매개자 정도가 아니라 더 큰 존재론적 위상을 갖고 있다고 하겠다. 바람 자체가 존재자를 변화시키는 힘을 갖고 있는 것이다. 한편, 소소리바람처럼 존재자를 뒤흔드는 바람이 아니라 입춘에 모처럼 불어온 봄바람의 경우엔 모성적인 따스함을 보여준다.

불명산 화암사 오르는 바위틈에

입춘 언저리를 비집고

눈색이꽃 한 송이 피었습니다.

얼어붙은 눈을 녹이고

하늘을 호호 털어내며

노란 꽃망울을 꿋꿋하게 틔웠습니다.

지나가던 묏바람이 쓰다듬다가

무너질까 덮힐까

까치발로 다가섭니다.

고맙다고 만나서 반갑다고

참으로 오랜만이라고

배냇저고리 같은 산안개 한 자락에

빙 둘러 모여 앉습니다.

— 「눈색이꽃」 전문

 봄이 오고 새 생명이 피어났다. 바위틈에 핀 '눈색이꽃 한 송이'가 그 생명. 작고 연약해보이지만 위대하고 숭고한 새로운 생명의 탄생이다. "얼어붙은 눈을 녹이"고 죽음을 이겨내며 틔운 새 생명이니 말이다. 하지만 이 생명이 계속 삶을 유지하기 위해서는 돌봄이 필요하다. 그래서 세상을 쓰다듬으며 "지나가던 묏바람"도 조심조심 "까치발로 다가"서는 것이다. 이제 따스해진 묏바람은 이 새 생명을 어머니처럼 부드럽게 안아보려고 한다. 「봄날의 기도」를 인용하자면, "고생했다 애썼다/ 이젠 울지 않아도 되겠다"며 "움츠리고 감춘 몸짓들/ 손바닥으로 쓰다듬"으려는 것이다. 묏바람이 지나가며 봄이 다가온 세계는 이 새 생명을 돌보려는 듯이 "산 안개 한 자락"을 풀어낸다. 한 송이 '눈색이꽃'의 배냇저고리가 되어주는 안개를 말이다. 이때의 바람은 목숨을 돌보고 생명을 틔우는 존재로 현상한다. 세계의 생명체들이 생명을 틔우고 유지하고 또 자라나기 위해서는 온갖 조력자들이 있는 것, 바람도 그 중 한 존재인 것이다. 그런데 생명을 유지하기 위해서는 따스함만이 아니라 물도 필수적인 법이다. 김진환 시인에게는 어떤 특정한 비도 세계, 나아가 우주 안의 생명들을 돌보는 모성적 존재다.

벌써 허리만큼 올라선

사백 평 옥수수밭

후드득 세찬 비에 바르르 떨다가

머리를 빗겨 턴다.

함께 사시러지는 잡풀 군더더기와

저만치 숨어 눈만 끔벅이는 쑥새

나무를 잽싸게 오르는 날다람쥐 하며

땅을 헤집는 꼽등이까지 저마다

눈치를 살피는데

여전히 기웃대는 웃비

잠시 숨을 돌리는가 싶더니

밭이랑 뒤적이던 어머니처럼

허리 펴지 않은 채

산중山中 우주를 구석구석 훑어 내고 있다.

—「웃비」전문

  이 시에 달린 시인의 주석에 따르면 '웃비'란 세차게 내리다가 그친 비를 가리킨다. 세찬 비라서, 위에서 본 따스한 봄바람과는 다르게 세계를 대한다고 하겠다. 하지만 이 비도 그 봄바람처럼 어머니의 마음을 갖고 있다. 생명을 키우기 위해서는, 비록 '쑥새'며 '날다람쥐'며 '꼽등이까지' 눈치를 살피지 않을 수 없을 정도로 거세더라도 세계에 물을 가져다주어야 한다. 웃비가 그러한 일을 해준다. 웃비는 산 속 구석구석의 '우주'를 다 훑어내기 위해서는 거센 비로 물을 내려 보내준다. 옥수수가 '세찬 비'를 맞아 "바르르 떨다가/ 머리를 빗겨" 터는 것처럼, 처음에는 그 비를 맞는 생명체는 힘들 수 있지만 곧 그 물에 몸을 씻게 될 것이다. 이 과정을 겪어야 생명체는 생명을 유지한다. 그래서 시인은 웃비를

"허리 펴지 않은 채" "밭이랑 뒤적이던 어머니"로 비유한다. 세찬 비를 내리는 일은 마치 쉬지 않고 밭이랑 뒤적여 채소를 자라게 하는 일과 같은 일인 것이다. 이러한 일은 세계의 존재자들에 대한 사랑이 없으면 불가능하다. 생명을 틔우고 보살피는 일은 사랑의 마음으로 이루어질 수 있다. 그래서 이 사랑을, 생명의 표현인 시의 마음이라고 하겠는데, 김진환 시인에게 그 사랑을 선명하고 아름답게 보여주는 존재가 있으니 '유둣달'이 그것이다.

>오늘 밤엔 유둣달
>낮게 깔린 구름 위로 풀쩍 올라서서
>환히 불 밝히고
>
>늘어선 이팝나무 하얀 꽃 사이
>고개 쳐든 금낭화 꽃대 사이
>저벅대는 그림자를 매달고 오니
>
>마침 오늘 밤엔 유둣달
>무지근한 술렁임으로
>으늑한 가슴 길목마다 손 내미는
>
>온밤 내내 감쪽같이 차오르다가
>허리 곧추세워 기지개를 켜는

    당신의 등짝 같은 달.

―「유둣달」 전문

'유둣달'은 유둣날인 음력 6월 보름날에 뜨는 달. 위의 시에 따르면, 이 달은 하늘 아래 사는 모든 이들을 돌보고 싶어 하는 심성을 가졌다. 구름 낀 밤, "구름 위로 풀쩍 올라서서/ 환히 불 밝히"는 마음을 가진 존재인 것이다. "온밤 내내 감쪽같이 차"올라 어둠 속 지상에 존재하는 모든 이들에게 은은한 빛을 내려주면서 하늘을 '건너가는' 유둣달. 이 달은 세심하기도 해서 "하얀 꽃 사이"나 "금낭화 꽃대 사이"에까지 "그림자를 매달고" 내려온다. 또한 지상에 내려온 유둣달은 자신이 만나는 모든 존재자들에게 손을 내밀어 그들의 "으늑한 가슴 길목"을 밝혀주기도 한다. '웃비'가 지상에 물을 내려 보냈다면 유둣달은 빛을 내려 보내주는 것, 비가 생명을 유지시켜준다면 빛은 손을 내밀어 어두운 영혼이 사랑으로 밝아질 수 있도록 해주는 것이다. 이러한 유둣달을 모성적 사랑-무조건적이고 대가 없이 베푸는 사랑-으로 가득 차 있는 존재라고 할 수 있지 않을까. 하늘에 둥글게 떠 있는 유둣달의 모습에 대해 시인은 시의 마지막 행에서 "당신의 등짝 같"다고 말하고 있는 바, 그러한 추측에 따르면 은은하게 빛나는 '유둣달-당신'은 어머니를 의미한다고 하겠다. 어머니는 우리를 등짝에 업고 키우지 않으셨던가. 어머니의 등짝은 어린 우리가 몸을 맡기고 평화로이 잠들 수 있는 사랑의 몸

이자 장소였지 않았나. 그런데 유둣달의 포근한 빛 아래에서는, 어린 시절 어머니의 등에서처럼 우리의 마음은 평화로움으로 은은하게 밝아질 수 있게 되는 것이다.

　이렇듯 생명의 이야기는 모성적 사랑이라는 종착지에 도달하였다. 이 사랑으로 생명은 태어나고 유지되며 자라난다. 이러한 결말에 도착하니, '건너가는 사람'은 어머니와 같은 존재를 가리키는 것은 아닐까 생각하게 된다. '건너가는 사람'이 시인으로 하여금 시를 쓰도록 이끄는 존재-시심-였다는 것을 생각하면 말이다. '건너가는 사람'을 좇는 일은 생명의 표현을 찾아 시를 발견하려는 작업이었다. 그런데 생명의 원천은 바로 모성적 사랑이었다는 인식에까지 시인은 도달하게 되었던 것이다. 나아가 시인은 자신의 시를 이끈 것 역시 저 유둣달이 베푸는 모성적 사랑의 빛이자 손길이었다는 시적 인식을 갖게 되지 않았을까. 그래서 '건너가는 사람'이 어머니와 같은 존재일 수 있겠다는 생각이 들었던 것, 그 생각은 모성적 사랑이야말로 김진환 시인이 시를 쓰도록 이끄는 시심의 본질이라는 의미를 내포한다. 물론 '건너가는 사람'이 누구인지는 독자마다 시집을 읽으며 필자와는 다른 답을 내릴 수 있다. 하지만 적어도 그 사람이 우리들의 삶에 들어차 있는 어둠을 밀치고 빛의 영역을 넓히기 위해 어딘가로 건너가는 존재-유둣달처럼-라는 것은 확실하다. 그 사람은 "일찍 눈을 뜬 숲길 저만치/ 어둠을 밀치며 꿋꿋이 건너가는/ 누군가"(「새벽 숲」)인 것, 그의 건너가는 행보는 죽음의 밤을 밀치며 생명의 아침을 가져오는 시의 길이라고 할 수 있을 것이다.

우리 시대의 시선 2

건너가는 사람
김진환 시집

초판 1쇄 발행 2025년 10월 20일

지은이	김진환
펴낸곳	청색종이
펴낸이	김태형
인쇄	범선문화인쇄
등록	2015년 4월 23일 제374-2015-000043호
주소	서울시 영등포구 문래동2가 14-15
	경기도 양평군 옥천면 옷새말길 53
전화	010-4327-3810
팩스	02-6280-5813
이메일	bluepaperk@gmail.com
홈페이지	bluepaperk.com

ⓒ 김진환, 2025

ISBN 979-11-93509-22-7 03810

이 책은 저작권법에 따라 보호받는 저작물이므로 저작권자와 출판사의 허락을 받아야 복제하거나 다른 용도로 사용할 수 있습니다.

값 12,000원